AF175024

ediciones**carena**

ARNAU BURGADA R.

EL TRADUCTOR
DE LA MUERTE

Primera edición: marzo de 2025

© Arnau Burgada R.
© Ediciones Carena

Ediciones Carena
C/ Ecuador, 45, Les Corts.
08029 Barcelona
T. 930 23 55 76
www.edicionescarena.com
info@edicionescarena.com

Ilustración de la cubierta: Joaquín Romero
Diseño de la cubierta: Sofia Cabrera
Maquetación: Gustavo Llorca

Depósito legal: B 5027-2025
ISBN: 979-13-87623-17-3

Impreso en España - Printed in Spain

A mis padres, que nunca me soltaron la mano.

A mis padrinos, que me animaron a seguir escribiendo.

A mi abuela, que me mantuvo cuerdo con su cariño.

A mi hermano, el ejemplo de superación por excelencia.

A Lilo, mi mejor amiga y la estrella más hermosa del firmamento.

A mis amigos, por la lealtad y la paciencia.

ÍNDICE

«El más terrible de los sentimientos es el de tener la esperanza perdida.»

Federico García Lorca

«¿Miedo a la muerte? Uno debe temerle a la vida, no a la muerte.»

Marlene Dietrich

PRÓLOGO

Cuánto dolor, cuánto sufrimiento, cuánto desgarro transmuta cada una de las sílabas, de las palabras, de los versos de los poemas de esta obra.

Nunca antes pude experimentar tanto la poesía como bálsamo de heridas, de lances mortales.

Es para mí un orgullo hacer el prólogo de un trasplante de alma que prospera y que ha salvado al enfermo de una muerte segura.

Gracias por mostrarnos en este poemario que, frente al vacío de la soledad impuesta, siempre puede surgir la esperanza. La esperanza, entendida como una espera confiada en que todo puede cambiar y, lo más importante, que está en cada uno de nosotros el poder de cambiarlo y de decidir la dirección de ese cambio.

Y en esta ópera prima, el autor ya marca camino. Apunta a la vida y a seguir en cada uno de sus pasos la lucha sin cuartel contra el abandono moral y anímico. Una vindicación del que se siente diferente, una victoria del que cree en sí mismo, del que se descubre poderoso y válido.

También quedan decididos los zapatos que tus pies descalzos, llagados y ensangrentados necesitan: los zapatos de la palabra con sentido y con sentimiento. Los zapatos de la poesía, que nos calzan y cubren nuestra piel para poder seguir haciendo camino.

Por eso, en este prólogo te deseo, después de haberte descubierto, que sigas, sin parar, este camino iniciado, porque es ejemplo y ejemplar. Estaremos a tu lado, acompañándote en la senda de los amaneceres con esa luz que atraviesa las almas de los que aspiran a ser libres.

Buen camino, compañero.

Lluïsa Moret i Sabidó
Alcaldesa de Sant Boi de Llobregat
Presidenta de la Diputación de Barcelona

PREFACIO

El propósito de este poemario es liberarme de todos los problemas y pensamientos intrusivos que me han atormentado durante el último lustro, desde que comencé a escribir poesía a los dieciséis años.

Durante un tiempo, sentí que era una especie de traductor, ya que transformaba mis terribles pensamientos en poemas. La mayoría de estos eran sobre mi propia muerte. El poemario no tiene un orden concreto, pues la idea de este es reflejar el caos que una persona deprimida puede sentir por diversas causas.

Así pues, hay poemas dedicados a la muerte, la traición, la enemistad, el duelo, la soledad y el suicidio.

Si te sientes reflejado en alguno de los poemas, te animo a que busques ayuda profesional. Es el mejor consejo que me han dado y, por ende, el mejor consejo que puedo dar. Yo lo hice y, afortunadamente, cada día me siento mejor.

El autor

VÓRTICE

Que un vórtice me destroce,
que las aves me acaricien,
que, con mi llegada, las nubes vibren
y que, de un soplido, mi cuerpo se desplome.

ESCORPIÓN

Tengo el aguijón clavado en la espalda;
el veneno corre por mis venas,
mientras él continúa con su matanza…
al acecho de nuevas cenas.

¿Por qué confié en el rey de la traición?
¿Por qué en ese maldito escorpión?
Que solo provoca tristeza y dolor,
solo por simple diversión.

¿QUÉ ME PASA POR DENTRO?

Mi alma viste de negro,
no obtiene sonrisas ni alivios
y para ella todo es un martirio.
¿Qué me pasa por dentro?

VIDA

Que inadecuada es la vida;
al malo lo aúpan gritándole «bravo»,
y el bueno es ignorado, mirado con lupa,
juzgándolo por cada gran y pequeña herida.

¿Por qué la vida es tan adorada?
Pero amigo, ¡si todo son desgracias!,
así que para qué alargar aquí mi estancia
si podría descansar clavándome una espada.

JUICIO

Hoy es el día de mi juicio
y el mundo es reacio a ayudarme,
por favor, haced que aparezca alguien,
anhelo que me tiendan la mano y me salven;
de rodillas os lo suplico.

RUEGO

«Dame muerte»,
le dije al puente,
«Dame descanso»,
le dije al pantano.

«Cierra el telón»,
le dije al reloj,
«Mata mi cuerpo»,
le dije al tiempo.

ARDE MI MAÑANA

Sangre derramada
en los pensamientos;
arde mi mañana
cada vez que lo intento.

Aparecen de la nada;
se cocinan a fuego lento,
aparecen en cada jornada…
Dios, ¿que no tengo escarmiento?

INCOMPRENSIÓN

Hablo con gente,
escuchan mi monólogo
desde mis parientes
hasta los psicólogos.

No me entienden;
me siento incómodo,
pues soy solo un cliente
en un sillón cómodo
y, cuánto más espero, más me ahogo.

LO QUE PIENSA EL DESGRACIADO

«¡Escucha, muchacho! No estés triste»,
le dice el viejo al desgraciado,
como si él hubiera escrito cientos de tratados;
lo dice el que no lucha, como si fuera tan simple.

«Señor del mostacho, que no es extirpar un quiste,
¿a qué se dedica usted?, ¿qué es, psicólogo privado?
Aparte de mí su desdén, deje de citar mis pecados;
¡váyase a su despacho antes de que las uñas le hinque!»

«De la pena tengo empacho, no analice mi psique,
desde luego usted no es nadie, usted no es quién
para poner en entredicho lo que hay en mi sien
ni darme esa solución absurda que parece un chiste».

Todo eso piensa el desgraciado,
pero de por vida quedará callado.

DEMONIO

Aléjate de mi mente,
descarado demonio
de este lugar, ¡vete!
Que aún no es mi velorio.

¿CÓMO ESTÁS?

Perdido,
desanimado,
herido
y cansado.

Vencido,
agobiado,
hundido
y nublado.

Sometido,
maniatado,
enloquecido
y aislado.

Antes era todo colorido,
antes era mejor y distinto.

GOTAS Y LÁGRIMAS

Las gotas caen en mi porche,
las lágrimas resbalan por la noche,
las gotas riegan la maleza;
las lágrimas vencen a mi cabeza.

CADA CIERTO TIEMPO

En cada amanecer
me clavan afiladas flechas,
en cada amanecer
me hieren con nuevas brechas.

En cada atardecer
me tiran puntiagudas piedras,
en cada atardecer
me ahogan cientos de hiedras.

En cada anochecer
aparecen más y más grietas,
en cada anochecer
mi efímera voluntad se quiebra.

POETA

El abecedario pasó a ser
mi particular confesionario
cuando no puedo remar,
cuando en mi barco hay una batalla campal.

Escribo sin paciencia ni horarios,
porque accedo al escenario
cuando mi cuerpo es un volcán,
cuando veo que las llamas conmigo podrán.

HOY

Hoy me dejo ya de tonterías,
hoy no alargo más aquí mi estadía.

Hoy me acuesto con mi elegía,
hoy porque no deseo amanecer un nuevo día.

Hoy abandono a las letras, a la poesía;
hoy ya no soy capaz de luchar con la melancolía.

Hoy me despido de amigos y familia,
hoy mi alma con la muerte se reconcilia.

Hoy tomo mi única salida,
hoy cierro todas las heridas.

Hoy emprendo la rotunda huida;
hoy mi tragedia ya se encuentra concluida.

Hoy estoy por cruzar la puerta prohibida,
hoy al descanso le doy la bienvenida.

HUMO

Intento que no me pese,
suplico encontrar rumbo,
ruego que se quite de mi cara el humo
para intentar que no me ciegue,
para poder abrirme al mundo.

ALÚMBRAME

¡Alúmbrame!
No dejes que la oscuridad me gane,
¡Alúmbrame!
Otra oportunidad dame.
¡Alúmbrame!
Que he perdido la claridad.
¡Alúmbrame!
De mí, por Dios, ten piedad.

EXPLICACIÓN

Ojalá pudiera explicarlo,
mostrarlo en la pizarra,
pero todo lo que verían los demás
serían los poemas de un loco.

CÁPSULA

Cápsula que pretende silenciar
las locuras que en mi tejado circulan.

No consigue darme más que tregua;
trae caducidad, me persigue la guerra.

No arregla el maldito terremoto,
no hace que de la pena no sea devoto.

Me animan a tomarme la pastilla,
a tratar de darle la vuelta a la tortilla.

No puedo curarme, hasta el final de mis días seguiré roto.

UN ENTE MÁS

Lo que ha quedado de mi persona
es solo un ente más de la tristeza;
he perdido la mente y la cabeza
y vago por el mundo como un rey sin su corona.

CORAZÓN ROBADO

Abriste mi pecho,
robaste el corazón,
desapareciste sin decir adiós
y nació mi despecho.

Te odio por arrancarlo,
te amo por el recuerdo;
no te dolió manosearlo,
aunque espero que sí romperlo.

PEONZA

Giro una y otra vez
sobre el mismo tema,
blanca se pone mi tez
por no abandonar el dilema.

Una y otra vez
al mismo tema,
una y otra vez
al mismo dilema,
una y otra vez
al mismo problema
una y otra vez
hasta que demasiado quema;
una y otra vez…
Como en este poema.

MALDITA MI SUERTE

Mis labios gritan muerte,
pero soy tan cobarde
que maldita mi suerte.

Maldita la poesía,
maldito este día
y maldita esta vida mía.

DIVA DE LA LLORERA

Diva de la llorera
que serenarme no me deja,
de ella me hice amigo
porque me acompaña cuando rimo
e imborrable es su huella
en los recuerdos de la veintena;
ella es mi musa y mi destino,
la miro con desprecio y con cariño.

SILBIDO

Sigue ahí; noto su presencia
en ocasiones asoma su espantosa cabeza,
pero no, no permito que vuelva.

Oigo sus aullidos desde mi propio miedo
y eso afianza mi pensamiento;
no está muerto, tan solo dormido,
aún escucho su maldito silbido.

DIAGNÓSTICO

Ni lo sé ni me importa,
¡no quiero a un médico detrás
al que contarle mi patético historial…!
Pero mi cabeza, ya no lo soporta.

CORAZÓN AFILADO

Mi corazón es afilado,
corta a quién se acerca
y espanta al que molesta;
para cualquiera soy demasiado.

Mi corazón es afilado,
siembra el pánico entre las gentes
y, cuando los miro, puedo leer sus mentes;
«Ojo, que por ahí va el desequilibrado».

Mi corazón es afilado,
porque ante la mentira y el dolor;
precavido se volvió
y no quiere volver a ser asesinado.

VOCIFERADORES

Los vociferadores han vuelto;
los eché una vez,
los eché hasta diez,
pero regresan, me quieren ver muerto;
ellos susurran pensamientos
que, en este tablero de ajedrez,
matan a mi reina, la pobre lucidez,
comenzando así mi agónico tormento.

MIEDO

A diario me invade el miedo
por no ser normal,
por no poder secar mi lagrimal;
por no saber decir «te quiero».

AZOTEA BIPOLAR

Una parte de mí quiere irse,
y otra me dice: «Aguanta; resiste».

Déjame con mi dolor.

Corazón indeciso, azotea bipolar,
terrible desazón, corpóreo malestar.

Ayúdame, por favor.

Elegir entre el mañana y el ayer,
entre abrazar la ventana o el pesar barrer.

Déjame con mi dolor.

Imposible decisión que aporrea mi ínfimo bienestar,
soy el invisible llorón por la odisea, ocultar.

Ayúdame, por favor.

CRISTAL

Me rompo con mucha facilidad,
me torno frágil cuando aterriza la tempestad,
mis esfuerzos son en vano y me minan la moral,
¿soy un humano o un cristal?

NO ES POR TI

Adoras mi presencia y no entiendo por qué,
pues en mis carnes no se alojan la esperanza ni la fe.

Mi rubí está lleno de dudas desde que te conocí.

Aunque te amo, solo puedo decirte «no lo sé»,
será mejor que vuelvas al mar a buscar otro pez.

Mi rubí está lleno de dudas. Y no, no es por ti.

DE CUERPO PRESENTE

Sí, de cuerpo presente,
aunque de alma, ausente,
pues allá donde voy
como un fantasma estoy,
rogando a mi mente
que en público sea clemente;
maquillando el desconsuelo y lo que soy,
fingiendo sonrisas que a todos doy.

ESQUELA

Cuando pretendo tirarme por la escalera
pienso en si alguien llorará al ver mi esquela,
si entristecerá a algún viejo amigo,
si lo verá como un merecido castigo.

Solo un lunático piensa en todo esto,
solo un demente sueña con que ardan sus restos,
en un bucle infernal del que no puedo salir,
ya no encuentro sosiego, así no es posible vivir.

No me reconozco en el espejo;
me da asco observar mi reflejo,
fruto del pasado y del porvenir,
auguro que es momento de al edén partir.

Lo he intentado todo; no hay manera
y estos no son pensamientos de borrachera.

Jamás he estado tan seguro,
nunca lo he visto tan claro
como cuando ahora digo
que de la vida me desligo.

TRISTE MÚSICA

Me siento SOL-o y tengo MI-edo
pienso que te FA-llo al RE-naudar mi espanto,
porque tú no querrías verme a-SÍ,
LA-mentán-DO-me por la muerte; por ti.

ATACADME

A un león le rugiría,
a un tiburón me enfrentaría,
a un lobo aullaría,
a una serpiente abrazaría…
Hasta por un elefante quiero ser pisado;
por toda la fauna anhelo ser atacado
porque no puedo hacerlo con mis manos,
cometería el mayor de los pecados.

DERRIBA EL CASTILLO,
POR FAVOR

Viento, por favor, no amaines
para terminar con la pena que mi alma aúna,
para derribar el castillo de naipes
que brota del dolor y la tortura.

Derríbalo con todas tus fuerzas
porque yo no puedo; mi voluntad es de papel
y, dentro de esa fortaleza cruel,
suena siempre un cascabel
que sigo y me conduce a una solitaria celda;
en la que mi cuello es atrapado por una cuerda,
que terminará por vestir de luto a mi abuela.

Arnau Burgada R.

BIOGRAFÍA

Mi biografía es una ruina y mi vida un desperdicio,
el desconsuelo me supera; en la mente oigo gritos
y si alguien supiera lo que ronda en mi cabeza
no diría que atención es lo que codicio.

54

QUERIDO PADRE

Me acompañas desde pequeño,
entiendes mi melancólico cerebro
y, aunque ladre y ladre,
me sigues queriendo, eres mi padre.

Ya no soy aquel niño risueño,
me convertí en un guerrero
y, aunque mi frustración taladre,
me sigues queriendo, eres mi padre.

Perdón si te frunzo el ceño;
no es por ti, mi querido viejo,
es por mi cabeza, que es un desmadre,
lo siento, querido padre.

Agradezco tus esfuerzos
por entenderme cuando me retuerzo;
tus consejos para mí son clases
porque me los dices tú, me los dice mi padre.

De mi creación eres el dueño
y como progenitor mereces un premio,
de tus abrazos tengo hambre,
quiéreme, querido padre;
más aún, más si cabe.

DAGAS

Lanzo dagas al aire
con la esperanza de que alguna
en el cuerpo se me clave,
para teñir de carmesí las lagunas.

Por favor, daga
no te demores,
no tengo temores;
mata ya a mi alma.

EPÍLOGO

En este poemario, se puede ver cómo era mi estado hasta hace relativamente poco. No mentiré: es muy complicado salir de una depresión. Lucho desde hace años para despojarme de ella.

Sin embargo, me enfrento a diario a la melancolía con tres armas: amor, esperanza y voluntad. Esto me ayuda a combatir al monstruo que he descrito en todos los poemas, a mantenerlo a raya.

La esperanza nos aferra a la vida, el amor nos mantiene cuerdos y la voluntad nos obliga a seguir luchando.

Por eso mismo, expongo tres poemas titulados «Vuelve, mi alma», «Masaje cardíaco» y «Derrocamiento». Estos hablan sobre la depresión, pero desde un punto de vista diferente; pongo en práctica mis armas para no rendirme y caer ante ella.

VUELVE, MI ALMA

Cariño, vuelve
de tu proclamado exilio.
¡Has ganado! Al fin pediste auxilio,
vuelve, vuelve conmigo.

MASAJE CARDÍACO

Masajeaste mi corazón cuando entró en parada,
reanimaste el centro de mi ser pronunciando
con tus labios «Yo te cuidaré»,
llegando a mi vida y dando tu palabra, perjurando
que no me dirás adiós,
prometiendo que masajearás mi apenado corazón
cuando este vuelva al horror.

En un momento tan decisivo,
en una situación donde mi vida corre peligro;
alzo la mirada y observo tu rostro en su máximo
esplendor
y solo con ver tus ojos sé que dices «Calma, mi
moribundo amor».

DERROCAMIENTO

Aparta de mi cuello tu machete,
ese que casi me mata a los diecisiete;
sé que no eres mi amigo, sino mi adversario
y conseguiré echarte para poner fin a mi calvario.

No, no quiero la soga ni el taburete,
no, no caeré de nuevo, no seré tan zoquete,
no caeré en tus trampas, no entraré ahora en el sudario,
pues prometo que hoy terminan los anhelos lapidarios.

Ya no seré más tu juguete,
hoy me libero de tus grilletes,
hasta nunca, temible carcelario;
porque juro que morirás en este poemario.

Estás fuera de mi gabinete,
hoy te vas al maldito garete;
te derroco, dejas de ser el líder autoritario
porque regreso a ser de mi mente, el legítimo mandatario.

AGRADECIMIENTOS

Este poemario marca un punto y aparte en mi vida, pues representa el fin de una etapa y el comienzo de otra. Ahora, el sol comienza a salir tras años de incansables tormentas.

Sin la ayuda directa de mi entorno, no podría haber superado las malas rachas y los conflictos a los que me he enfrentado. La sanación mental no es un proceso individual, sino colectivo: la red de apoyo que he encontrado en familia, amigos e incluso en compañeros de trabajo ha sido fundamental para llegar a donde he llegado hoy.

Permítanme comenzar agradeciendo a las dos personas más importantes de mi vida: mis amados padres, Rosa y Diego. Jamás me sentiré tan amado por nadie como por ellos. Soy un afortunado por ser su hijo y no puedo sentirme más orgulloso de mis progenitores.

Me habéis guiado por el difícil camino de la vida, asegurándoos de que esquivara cada una de las piedras. A día de hoy, he conseguido saltar una gran roca que obstaculizaba todo mi viaje, pero lo he logrado gracias a vuestra incansable ayuda y paciencia.

Mamá, papá: gracias por apoyarme eternamente, por entenderme, por cuidarme y por amarme tal y como soy. Y voy a parar ya, porque podría escribir un ensayo interminable exponiendo los motivos por los que os considero los mejores padres que alguien podría tener.

Queridos abuelos: Lorenza, Jaime, Dora y Joaquín. Desgraciadamente, solo he podido conocer a mi abuela, Loren. Siempre que pienso en ella, me invaden las carcajadas y entorno los ojos: es automático. Me has ayudado en cada paso que he dado, yaya, incluso más de lo que deberías haber hecho. Eres una mujer extraordinaria y maravillosa, una mujer de bandera.

Jaime, Dora y Joaquín, os tendré siempre muy presentes. Aunque no he podido generar recuerdos con vosotros dada vuestra triste ausencia, sí he logrado conoceros gracias a todos los recuerdos que la familia ha compartido conmigo y que, indirectamente, me han hecho partícipe de ellos. Ojalá pudierais estar aquí para daros un fuerte abrazo y deciros que os quiero.

Quiero agradecer a mi hermano, Jaume, y a mis padrinos, Joaquín y Francesca. Tres de las personas que más admiro y quiero, por todo el cariño y la compañía que siempre me han brindado. Jaume, gracias por ser mi hermano mayor y ejercer como tal, por no permitir que nadie me haga daño. Padrinos, sois mis mayores consejeros y mis segundos padres.

A mi tío Antonio, la persona por la que empecé a escribir poesía hace tantos años.

A mis grandes amigos, Pedro, Estefanía, Joël, Lucía, Daniel, Noelia, Jonathan, Juan David y Martita. Sois personas imprescindibles en mi día a día. Gracias por escucharme cada vez que lo necesitaba. Sois personas muy valiosas en mi vida.

A Elena y a José, mis editores, y a Ediciones Carena, por la delicadeza y el respeto con los que han tratado este manuscrito.

A la gran Lluïsa Moret, prologuista de este libro, alcaldesa de mi ciudad y presidenta de la Diputación de Barcelona. Gracias por tu cercanía, cariño y pasión por la cultura.

Y a Lilo, mi pequeña gran amiga en forma de teckel. Sigo aprendiendo a vivir sin ti y extraño a diario tu presencia.

Por último, quiero agradecer a cada uno de los lectores que han llegado hasta aquí. Este libro surgió de mi deseo de «encerrar» a mis pensamientos, aquellos que traduje en poemas. Desde ahora y para siempre, «El Traductor de la Muerte» es la única llave que puede abrir esa puerta de nuevo, y dicha llave es toda vuestra.